INSTRUCTION

POUR LES VOLTIGEURS

DE

L'INFANTERIE LÉGÈRE

ET DE LIGNE.

Tout exemplaire qui ne portera pas ma sign
ture, sera la preuve d'une contrefaçon; et je décla
que je poursuivrai pardevant les tribunaux to
contrefacteur, ou distributeur du même ouvrage,
elle ne se trouverait pas.

INSTRUCTION

POUR LES VOLTIGEURS

DE

L'INFANTERIE LÉGÈRE

ET DE LIGNE,

SUIVIE D'UNE PLANCHE;

PAR L'AUTEUR DU *GUIDE DES SOUS-OFFICIERS D'INFANTERIE EN CAMPAGNE*, ET DU *NOUVEAU MANUEL DES SOUS-OFFICIERS ET SOLDATS D'INFANTERIE*.

Prix : 75 c., et 1 fr. franc de port.

A PARIS,

Chez CORDIER, Imprimeur-Libraire des troupes de toutes armes, rue et maison des Mathurins Saint-Jacques, n.º 10.

1822.

AVERTISSEMENT.

Pour que l'infanterie légère, ou les voltigeurs en général, remplissent l'objet de leur institution, il faut, dans les loisirs de la paix, les familiariser avec des représentations simulées de tout ce qu'ils doivent faire en temps de guerre, et leur faire sentir de quelle importance sont leurs moindres mouvemens, puisqu'étant toujours, par état, les plus près de l'ennemi, c'est de leur vigilance et de leur énergie que dépendent souvent leur salut et celui de la troupe destinée à manœuvrer derrière eux : cet objet ne peut donc être bien rempli qu'au moyen d'une instruction écrite qui leur soit particulière.

Celle que nous présentons ici, bien

qu'elle soit loin d'être parfaite, puisqu'elle n'est qu'un recueil d'évolutions simples et faciles qui se trouvent éparses dans plusieurs ouvrages, pourra néanmoins donner quelques idées sur la manière de conduire une troupe en tirailleurs sur tous les terrains et dans toutes les circonstances qu'on peut prévoir.

En la méditant avec attention, on pourra se convaincre de la nécessité qu'il y aurait de laisser de côté cette prétention à la précision et à la perfection sur beaucoup de points, qui est anti-réglementaire et de pure parade, pour ne s'occuper que de choses utiles, et de rejeter une grande partie de ces minuties auxquelles on assujettit l'officier, et qui dégoûtent le soldat.

Qu'on se persuade bien que ce n'est

pas l'instruire que de le surcharger de règles de discipline inquiétantes, et de prendre moitié de son temps pour en faire un cireur, un brunisseur, un frotteur, au lieu de s'attacher à en faire un homme de guerre.

L'expérience nous prouve qu'une infinité de ces détails, en quelque sorte monastiques, ne servent qu'à lui faire supporter avec peine sa profession, tandis que tout ce qui est simulacre de guerre, tout ce qui lui en présente l'image, loin de l'ennuyer, l'intéresse, l'anime, l'instruit essentiellement en même temps qu'il l'amuse.

Mais, dira-t-on, quelles seront les occupations du chasseur à pied ou du voltigeur ? C'est ce que nous allons dire en peu de mots.

1.º On évitera d'exiger dans sa tenue

cette recherche excessive qui lui fait perdre un temps précieux : soignée jusqu'à un certain point, elle est nécessaire, elle est une preuve de discipline, elle contribue à sa santé et l'élève au-dessus du peuple.

2.º On exercera son courage, on formera ses mœurs, on éclairera ses préjugés.

3.º On l'habituera à marcher et à courir à travers tous les terrains : les marches auront toujours un but militaire, et deviendront par conséquent une école de théorie pratique.

4.º On lui apprendra l'exercice du tir dans toutes les positions possibles, lui persuadant que la véritable utilité du tirailleur reposant dans la justesse de ses coups, il ne s'agit pas pour lui de beaucoup tirer, mais de faire beaucoup de mal en chargeant avec sang-froid et bien ajustant.

5.º On exercera son coup-d'œil, et on l'habituera à saisir à la première vue, sur le terrain, les localités qui lui seraient les plus avantageuses pour favoriser son attaque ou pour renforcer ses moyens de défense.

6.º Enfin on le rompra à tous les exercices du corps, ainsi qu'aux évolutions qui sont relatives à son état, et desquels dépend si souvent sa gloire (1). Une pareille éducation, qui serait progressive et relative à tous les grades, emploierait utilement ce temps précieux qui se passe en revues et en exercices de détail, changerait des oc-

-----

(1) Qu'on lise les réglemens et les ordonnances, on verra que ce plan d'instruction en est extrait.

cupations frivoles en choses nécessai-
res, développerait l'intelligence du
soldat, l'attacherait au métier des armes, et lui ferait desirer d'entrer en
campagne, parce qu'au danger près,
la paix serait pour lui une guerre con-
tinuelle.

INSTRUCTION

POUR LES VOLTIGEURS

DE

L'INFANTERIE LÉGÈRE

ET DE LIGNE.

~~~~~~

Des Tirailleurs.

Lorsqu'il s'agit de fouiller un bois, d'éclairer la tête, les flancs d'une colonne en marche ou le front d'une ligne, de couvrir la queue d'une colonne ou le front d'une ligne en retraite, les compagnies de chasseurs et de voltigeurs se formeront de la manière suivante.

Principe général.

Le commandant d'une troupe, chargé d'une attaque ou de fournir une ligne de tirailleurs, ne doit laisser déployer que les
~~~~~~

deux tiers de sa force, et formera toujours une réserve égale au tiers de son monde.

Formation sur le centre.

La compagnie chargée de fournir le cordon de tirailleurs, déboîtera de la colonne (si le bataillon est dans cet ordre) de manière à faire de suite face vers le côté où elle doit se diriger.

A quelques pas de la colonne, le capitaine fera porter en avant la première ou la deuxième section, et ordonnera au lieutenant de la former rapidement sur deux rangs; cela fait, le capitaine commandera:

1. *Formez la ligne des tirailleurs.*

A ce commandement, l'officier commandant la section qui s'est portée en avant, préviendra la file du centre de ne pas bouger; il avertira les files de droite de faire à droite, et celles de gauche de faire à gauche, et commandera :

1. *Par le flanc droit et le flanc gauche.*

2. A DROITE ET A GAUCHE.

3. Par la droite et par la gauche, prenez vos distances de dix ou quinze pas.

4. MARCHE.

A ce commandement, les files des ailes
se porteront en avant au pas accéléré.
Quand les premières auront fait quinze
pas, et ainsi de suite, ayant soin de comp-
ter les pas de la file qui les précède, afin
de ne partir qu'au quinzième, le chef de
la section, voyant les deux files contiguës
à celles du centre en mouvement, et pres-
que à la distance de vingt pas, commandera :

1. Tirailleurs,

2. HALTE.

3. FRONT.

La ligne de tirailleurs se trouvera formée à distance de quinze pas. Pendant ce
mouvement, le capitaine aura soin de diriger, de la section qui n'aura pas été déployée, dix hommes pour la réserve de

droite, et dix autres pour celle de gauche; ces réserves, commandées par les lieute-nans, se porteront à trente ou quarante pas en arrière du centre de chaque aile du cordon, d'où il fera exécuter, au moyen des sonneries, et par des sous-officiers qu'il enverra porter ses ordres, les divers mou-vemens que nécessiteraient ceux de l'en-nemi, ou la marche de la colonne ou de la ligne qu'il précède ou qu'il couvre (1).

Le capitaine restera, avec la réserve gé-nérale, à quarante pas en arrière du cen-tre des réserves de soutien, et de là déta-chera des hommes pour renforcer les ti-railleurs sur le point qui serait menacé par l'ennemi, et s'y portera lui-même avec tout son monde si le cas l'exige. (*Fig.* 1.) (2).

---

(1) Ces sonneries sont indiquées à la fin de cette Instruction.

(2) Cette manière de former une ligne de tirailleurs fut mise à l'ordre du jour en 1815, par M. le lieute-nant-général comte Reille, comme instruction à sui-vre par les compagnies de voltigeurs du corps d'ar-mée qu'il commandait.

Simplification du mouvement précédent.

Dans certaines circonstances, cette manœuvre demanderait trop de temps pour l'exécuter avec tous ses détails; il est alors un moyen de la simplifier que nous allons donner.

La compagnie désignée déboitera de suite de la colonne; une des deux sections se portera à quelques pas en avant au commandement de son chef, qui la formera de suite sur deux rangs, et commandera aussitôt après :

1. En avant sur le centre, formez la ligne.

2. Marche.

Au deuxième commandement, chaque file, à l'exception de celle du centre, qui se dirigera droit devant elle, s'étendra graduellement en avant à droite et à gauche de celle-ci, de manière que les hommes, en s'éventaillant peu-à-peu, arrivent à leur distance de dix ou quinze pas, sur la ligne où ils doivent agir. Les réserves de soutien se dirigent chacune vers le centre de chaque aile.

Un éventail que l'on ouvre doucement est la figure de ce mouvement : le bouton représente la section, et chaque branche une file de tirailleurs. (*Fig. 2.*)

Formation sur la droite et sur la gauche.

On pourra aussi former la ligne de tirailleurs sur la droite et sur la gauche par les commandemens de :

 1. Sur la droite, formez la ligne.

 2. MARCHE.

 1. Sur la gauche, formez la ligne.

 2. MARCHE.

Dans le premier cas, toute la section, qui devra être sur deux rangs, fera par le flanc gauche, à l'exception de la première file, qui ne bougera point ; son chef arrêtera les tirailleurs par les commandemens indiqués quand ils seront à la distance ordonnée, et la ligne se trouvera formée ; on la portera ensuite en avant au moyen des sonneries.

Ce sera l'inverse lorsqu'on la formera sur la gauche.

Simplification du mouvement précédent.

Si les circonstances exigeaient une prompte formation du cordon de tirailleurs sur la droite ou sur la gauche, toute la section se mettrait en marche au commendement de :

1. En avant sur la droite ou sur la gauche, formez la ligne.

2. MARCHE.

Au deuxième commandement, les hommes qui sont à gauche de la file de droite, qui ira droit devant elle, se dirigeront graduellement et obliquement en avant, jusqu'à ce qu'ils soient arrivés à leur distance

2*

de dix ou quinze pas sur la ligne où ils doivent agir.

Ce sera l'inverse par la gauche.

Tirailleurs en retraite.

Au moment où la retraite sonnera, la ligne des tirailleurs se dédoublera; les seconds tirailleurs feront demi-tour, courront cinquante pas en arrière, s'arrêteront, feront face en tête, et attendront, l'arme apprêtée, que les premiers tirailleurs les aient dépassés de cinquante pas. Les premiers voyant les seconds arrêtés et en mesure de les soutenir, feront demi-tour, courront aussi cent pas, s'arrêteront, apprêteront les armes, et attendront que les seconds les aient dépassés.

Les tirailleurs doivent, pour plus de sûreté dans ce mouvement, s'accoutumer à charger les armes en marchant.

Les réserves suivront le mouvement de retraite en avant des tirailleurs; elles s'arrêteront souvent, feront face en tête

pour les soutenir et les renforcer au besoin.

Différentes manières d'exercer à tirer.

Les tirailleurs, qui agissent disséminés,
doivent être exercés à tirer et à charger
soit à genoux, soit assis, soit couchés.

Pour charger à genoux et assis, on opère
comme si on était debout, si ce n'est cependant qu'en passant l'arme du côté gauche, il faut avoir soin que l'embouchure
du canon soit à hauteur du téton gauche.

Pour charger couché sur le ventre, le
tirailleur, après avoir fait feu, se tourne
sur son côté gauche, appuyé sur le coude
gauche, approche le fusil qu'il tient de la
main gauche, la platine près des tétons, le
talon de la crosse appuyé à terre ; et, dans
cette position, il prend, déchire la cartouche, amorce et ferme le bassinet : il
fait ensuite glisser l'arme en arrière, mais
à gauche entre le ventre et le bras de ce
côté, de manière que le haut du canon

soit près du téton gauche; puis il met la cartouche, finit de charger, et reprend sa première position, appuyé sur ses deux coudes et prêt à tirer (1).

---

(1). Dans l'exercice du tir, il serait à desirer que le chasseur à pied ou le voltigeur n'eût point la baïonnette au bout du fusil, parce que l'effort qu'il fait pour empêcher ce poids incommode et fatigant de faire tomber son arme, fait trop relever le coup; elle le gêne aussi lorsqu'il est obligé de tirer assis ou couché.

En général, le soldat regarde cette baïonnette, toujours et inutilement armée, comme une arme sans usage, et il est tellement familiarisé avec elle, qu'il ignore qu'elle fait avec le fusil une arme défensive et offensive.

Elle est cependant susceptible d'une espèce d'art d'escrime, et on pourrait enseigner au soldat à la manier avec adresse et vigueur; de cette manière on le convaincrait de l'avantage réel de cette arme, et on la lui ferait estimer, dans l'occasion, comme sa dernière ressource.

Qu'un tirailleur soit attaqué, il lui faut cinq secondes pour fixer sa baïonnette: en un mot, il me semble que le soldat d'infanterie légère ne devrait jamais paraître aux exercices, aux parades et aux revues avec cette arme, qui serait réservée pour le moment du combat, ou des mouvemens simulés qui le représentent.

Dans quelque position que se trouve un tirailleur, il doit toujours choisir pour but, dans la ligne ennemie, un objet marquant et à sa portée, et tirer de préférence sur les officiers qui dirigent les mouvemens ou font partie de la ligne, sur les groupes, et principalement sur les personnes à cheval qui lui paraîtraient observer derrière le rideau des tirailleurs ennemis.

Si la ligne doit faire feu en avançant, l'homme du premier rang s'arrête pour tirer de pied-ferme, et recharge en marchant.

Feux de pied-ferme en avançant et en retraite.

Il doit exister assez d'esprit de corps pour qu'on attache un point d'honneur à ce que chaque homme soutienne et protége son camarade de file.

Si la ligne doit faire feu de pied-ferme, chaque homme du premier rang tire vers l'objet qu'il a choisi, et vient se poster, tout en chargeant et en tournant, à gauche à la place de son camarade du deuxième rang, qui le remplace au premier; ainsi de suite.

Si la ligne doit faire feu en avançant, l'homme du premier rang tire et charge en marchant ; celui du deuxième rang court aussitôt en avant le nombre de pas nécessaire, tire à son tour, recharge, et ainsi de suite.

En retraite, la ligne se doublera comme nous l'avons dit.

Règle invariable dans les feux.

Il faut regarder comme une règle invariable que les tirailleurs de la même file ne doivent jamais faire feu à-la-fois, et que l'un des deux doit toujours avoir son fusil chargé.

On observera aussi qu'en avançant ou en faisant retraite, le feu doit commencer, au signal donné, par l'homme du premier rang.

De la distance.

Quand on avance ou qu'on est en retraite, la distance la plus convenable d'un
tirailleur à un autre de la même ligne, est,
en pays couvert, de huit ou dix pas, et en
rase campagne, de quinze ou vingt pas.

Les distances qu'on doit prendre, soit
en avançant, soit en se retirant, dépendent aussi des mouvemens que fait la colonne que l'on couvre, des accidens du
terrain, et des circonstances imprévues.

Si les tirailleurs, soit qu'ils avancent ou
qu'ils soient en retraite (se battent en retraite), trouvent que la troupe qu'ils couvrent va trop vite pour eux, ils n'en exé-
cuteront pas moins leur mouvement en
avant ou rétrograde, qu'ils aient où non
tiré leur coup.

Des points d'abri.

Les tirailleurs doivent toujours saisir
quelque point d'abri lorsqu'il s'en présente, avant de s'arrêter pour faire feu.

Un sillon, un buisson, un arbre, une légère ondulation de terrain peuvent quelquefois être d'une grande utilité.

Il peut arriver que le chef d'une colonne juge à propos d'envoyer, en avant ou sur un des flancs, une compagnie pour s'emparer d'une position, et y attendre le mouvement qu'il devra faire. Dans ce cas, le capitaine s'y dirige en marchant soit en bataille, soit par sections. Si, lorsqu'il est arrivé ou avant de l'être, il entend sonner de sa colonne le commandement de s'étendre ou de former le cordon, il commencera le mouvement aussitôt le signal entendu.

De l'alignement et de la direction.

A mesure qu'une compagnie s'étend, les hommes, au lieu de chercher à s'aligner de front, doivent conserver leurs distances, saisir les avantages du terrain, choisir l'objet sur lequel ils devront tirer, et l'abri qui sera à leur portée.

Le centre de la ligne de tirailleurs sera généralement le point de direction, attendu que la réserve principale y est toujours placée à une certaine distance en arrière, et qu'elle est commandée par l'officier qui dirige la ligne. Cependant il peut arriver qu'il juge à-propos de se placer à l'une des deux réserves de soutien ; alors il fera un signal pour qu'on se conforme au nouveau point de direction.

Si l'on est obligé d'avancer ou de *refuser* une aile, les distances entre les files seront les mêmes, et la direction se prendra du côté de l'aile qui aura fait un mouvement.

Les éclaireurs doivent toujours s'étendre en avant des flancs de la ligne qu'ils protégent, de manière que les deux ailes refusent un peu, et que le centre avance dans la même proportion. (*Fig.* 2.)

Moyens de garder les communications et de faire passer les ordres.

Suivant les circonstances, on peut détacher des réserves quelques hommes pour garder les communications entre toutes les parties de la ligne. Lorsque le pays est couvert et dans les temps de brouillard, cette mesure devient indispensable. (*Fig.* 2.)

Le chef de la réserve principale peut disposer, entre les tirailleurs et lui, un ou deux sous-officiers ou caporaux intelligens, avec quelques hommes pour donner ses ordres et recevoir des informations sur les mouvemens de l'ennemi, et aussi pour demander des ordres au chef de la colonne, et lui communiquer les informations qu'il recevrait. (*Fig.* 2.)

S'il est nécessaire, on peut quelquefois envoyer deux ou trois hommes intelligens en avant du centre des tirailleurs ou sur les côtés pour diriger la ligne vers tel ou tel point.

Mouvemens à suivre.

En général, les tirailleurs se conformeront aux mouvemens des réserves de soutien, celles-ci à ceux de la réserve générale, et cette dernière à ceux du corps qu'elle couvre.

Les tirailleurs seront néanmoins, en certaines occasions, dirigés par les mouvemens de l'ennemi, et en d'autres ils régleront ceux des réserves.

Attention des Officiers.

Les officiers ne porteront pas leur attention plus particulièrement sur un côté que sur un autre, mais ils auront soin de tout voir, et ils se porteront là où leur présence sera le plus nécessaire.

Tirailleurs attaqués par la Cavalerie.

Si la ligne de tirailleurs venait à être surprise par de la cavalerie, les hommes gagneraient sur-le-champ des haies ou tout autre abri s'il s'en trouvait à leur portée.

Dans le cas contraire, la ligne se reploierait à la course sur son centre au signal donné, pour se former en rond face en dehors, les hommes ayant soin de serrer l'un contre l'autre du centre à la circonférence sans faire des ouvertures : une fois réunis, on croiserait la baïonnette et on attendrait ainsi la charge, ou bien les tirailleurs des deux flancs joindraient de suite leurs réserves respectives, et celles-ci, à leur tour, se réuniraient à la réserve générale, qui s'avancerait pour les joindre : on formerait alors ou un cercle, ou un carré plein, la deuxième section serrant sur la première, et faisant face en dehors, ainsi que les hommes des deux flancs. Le premier rang croiserait la baïonnette, et on commencerait le feu des deux rangs. Les tirailleurs qui n'auraient pu se réunir au cercle ou au carré, soit en profitant des accidens du terrain, soit en se couchant par terre , chercheraient des ressources contre les dangers d'un pareil isolement.

De semblables mouvemens, faits avec sang-froid, déconcertent toujours l'ennemi et lui fait tourner bride.

Lorsque la cavalerie se retire , on saisit le moment favorable pour se reformer avec plus d'ordre et pour gagner un abri.

Quand le ralliement sonne sur le centre du cordon, c'est pour que tous les tirailleurs s'y réunissent en cercle. Quand, au contraire, il sonne d'une des réserves de soutien, les tirailleurs se rassemblent à la course autour de leur réserve respective, et vont au plus vite se réunir à celle d'où le commandement a été donné.

Points désignés d'avance comme but de cordon.

Tout chef de peloton qui est chargé de couvrir, en avant ou sur le côté, un espace qui lui sera désigné, doit avoir le coup-d'œil assez exercé pour choisir sur-le-champ

3 *

des points distincts pour les hommes des deux ailes, et ensuite un autre dans le centre.

La distance de l'ennemi, et quelquefois les localités, obligent de marcher en bataille pendant un certain temps, ou forcent de se déployer de suite; dans l'un et l'autre cas, les officiers doivent apporter toute leur attention à ce qu'aussitôt que le signal pour s'étendre sera donné, les hommes s'étendent graduellement en s'éventaillant, de manière à arriver à leurs distances sous le point désigné.

Comment on relève les Tirailleurs.

Une nouvelle ligne de tirailleurs qui doit en relever une qui est fatiguée, s'étend en arrière de celle-ci et hors de la portée de l'ennemi, et aussitôt qu'elle est formée, court avec rapidité vers l'ancienne; alors chaque file de tirailleurs de celle-ci se retire sur-le-champ en arrière de la nouvelle ligne pour lui démasquer l'ennemi.

Lorsqu'une ligne en relève une autre qui est arrêtée, chaque file de celle-ci se retire lestement en arrière au moment où la file de la nouvelle ligne arrive sur la ligne de défense, et lorsque l'ancienne se trouve hors de la portée de l'ennemi, elle se réunit à sa réserve générale.

Si, au contraire, une nouvelle ligne en relève une qui avance, les tirailleurs de la nouvelle iront se porter au pas de course en front des autres; alors ceux-ci se couchent jusqu'à ce qu'ils soient hors de la portée du feu de l'ennemi, après quoi cette ligne se réunit à ses réserves.

Les réserves qui seraient composées de quinze ou vingt hommes, peuvent relever de la même manière les tirailleurs qu'elles protégent, et qui, à leur tour, se forment en réserve, se réunissant pour cela de la droite à la gauche. Mais si les réserves et les tirailleurs sont tous relevés par des troupes fraîches, chacune des réserves conserve sa position relativement à ses tirailleurs jusqu'à ce qu'ils soient tous rentrés, et que les deux lignes se soient entièrement relevées.

Une partie quelconque d'une ligne peut être relevée de la même manière.

Manière de renforcer et de diminuer une ligne.

On peut renforcer une ligne en lançant en avant une ou deux compagnies vers un point de la ligne. Dans ce cas, les nouveaux tirailleurs, ainsi que leurs réserves, doivent se mêler avec les autres et diviser leurs distances.

Dans le cas où l'on voudrait diminuer une ligne de tirailleurs, on ferait rentrer une ou plusieurs sections (ou subdivisions) de la ligne, et les tirailleurs restans s'étendraient de manière à se partager les intervalles de la droite à la gauche.

Attention relative au coup-d'œil.

Dans l'attaque, comme tout le succès dépend de l'impétuosité des tirailleurs, les chefs devront faire traverser avec rapidité les localités même les plus favorables pour profiter des avantages d'un terrain qui leur permettrait de battre de front ou en flanc la position de l'ennemi.

Avantage du coup-d'œil.

Les terrains découverts exigent beaucoup de prudence de la part de l'officier chargé d'y manœuvrer; cependant, il est rare de ne pas rencontrer, même dans une plaine, quelques accidens de terrain. L'officier qui commande doit les saisir au premier coup-d'œil, et s'en emparer avec célérité sans compromettre le salut de sa troupe; et comme il n'y a pas de terrain d'une certaine étendue qui n'offre un point avantageux, le chef des tirailleurs doit toujours s'y établir avec la réserve, et de là diriger les mouvemens.

Si on s'avance, il ne quittera cette position que lorsque la ligne en aura gagné une autre ; si l'on est en retraite, il ne doit abandonner ses positions qu'après avoir bien assuré le ralliement des tirailleurs.

Précautions nécessaires aux Tirailleurs.

Le tirailleur prendra garde de s'essouffler inutilement ; il ménagera ses forces de manière à être en état de soutenir les fatigues de la journée, n'oubliant pas qu'il peut avoir besoin de toute sa vigueur pour bien poursuivre l'ennemi, ou pour se rallier devant lui, si celui-ci venait à l'attaquer avec sa cavalerie.

Différentes manières de démasquer une ligne.

Il y a des circonstances où il est de toute nécessité que le front du bataillon soit sur-

le-champ démasqué ; dans ce cas, les officiers de tirailleurs doivent saisir avec
promptitude la direction qu'ils donneront
à leurs hommes, afin de laisser au bataillon l'espace nécessaire en avant pour agir
offensivement.

Si le bataillon s'avance ou se retire en
bataille, ils se retireront sur chacun de ses
flancs, en se séparant de leur centre.

Si le bataillon faisait partie d'une ligne
en échelons, ce serait sur le flanc extérieur
qu'ils se retireraient.

S'il jette une aile en avant ou en arrière, ils iront se placer sur le flanc extérieur : dans les deux mouvemens, le flanc
intérieur, ou celui qui est formé le premier, sera, de cette manière, démasqué,
et les tirailleurs auront moins de chemin
à parcourir.

Si le bataillon se forme en colonne serrée pour agir, les tirailleurs se retireront
derrière la dernière division.

S'ils couvrent une colonne serrée qui se

déploie pour attaquer, ils se retireront sur chacun des flancs.

Si enfin le bataillon exécute la contre-marche, la ligne de tirailleurs s'ouvrira de son centre pour se porter ensuite sur les flancs, où ils se réuniront.

Changemens de position des Tirailleurs correspondant aux mouvemens du bataillon.

Si tandis que le bataillon fait un mouvement, les tirailleurs ne sont plus rappelés, leur chef devra, avec la plus grande rapidité, changer leur position de manière qu'elle concorde avec le nouvel ordre du bataillon : leur attention et leur activité sont de toute nécessité pour le protéger pendant qu'il exécute son mouvement.

Comme il est impossible de donner des règles fixes pour chaque situation où l'on peut se trouver, on doit souvent s'en rapporter à l'intelligence de chaque individu agissant comme tirailleur. Les mouvemens suivans sont ceux qui se présentent le plus généralement, et qui exigent, de la part des tirailleurs, des manœuvres correspondantes, à moins qu'on ne rencontre des fossés ou d'autres obstacles qu'on ne puisse franchir.

Il y a aussi des accidens de terrain qui, offrant des avantages dont doit profiter une ligne ou une partie de ligne, exigent que les tirailleurs fassent un mouvement différent de celui du bataillon.

Si le bataillon en bataille change rapidement de position sur une division des ailes, le tour sur le flanc extérieur est si étendu, que les tirailleurs doivent être relevés, durant le mouvement, par la compagnie du flanc intérieur, qui se porte en avant aussitôt que le mouvement commence, pour couvrir le front de la nouvelle position; alors la vieille ligne de tirailleurs passe par les intervalles du bataillon, et se forme à la place qu'occupait la compagnie en tirailleurs.

4

Si le bataillon rompt par pelotons, les tirailleurs doivent faire front vers la droite ou vers la gauche, et prendre place du même côté. Si le bataillon continue à marcher quelque temps dans cet ordre, et qu'on ne fasse point sortir d'autres tirailleurs de la colonne, les réserves et les tirailleurs des flancs doivent incliner graduellement dans l'une et l'autre direction pour protéger la tête et la queue de la colonne, conservant toujours une communication avec le centre de leur ligne, qui devient par conséquent partie flanquante.

Dans cette nouvelle disposition, on formera une troisième réserve pour devenir celle de la partie flanquante, qui marchera entre elle et la colonne.

Si les tirailleurs rencontrent des fondrières, des bois ou autres obstacles de quelque étendue, ils ne doivent pas les laisser entre eux et la colonne, dans la crainte d'en être coupés par l'ennemi, qui aurait pu se cacher en dedans de la chaîne.

Si la colonne fait la contre-marche, tous les tirailleurs font face en arrière.

Si elle se forme en bataille, les tirailleurs changent aussi leur direction, et ceux qui protégeaient la tête et la queue de la colonne doivent graduellement incliner vers le centre de la ligne des tirailleurs.

Si le bataillon se forme en colonne à demi-distance, les tirailleurs se rapprocheront entre eux, et on en fera rentrer dans les réserves.

Si le bataillon change de front, ou si, en colonne, il change de direction, ou pour tout autre cause, si, il devient nécessaire de faire porter les éclaireurs d'un flanc de la colonne à un autre, ils devront, en ce cas, traverser à la course entre chaque peloton pour se porter sur l'autre flanc, conservant, autant que faire se pourra, leur ordre de la droite à la gauche, afin d'être toujours préparés à être relevés sans confusion.

Si le bataillon en bataille fait face en arrière pour marcher ainsi, les tirailleurs doivent courir de suite autour des deux ailes, et ensuite se porter en avant, de manière que ceux qui se trouvaient dans le centre de la première ligne soient, dans ce mouvement, sur chacun des flancs.

Si le bataillon, marchant en bataille, rencontre devant son front un pont ou un défilé, les tirailleurs se rapprocheront insensiblement de leur centre, de manière qu'ils soient réunis par deux ou quatre files, chaque homme marchant derrière son chef de file : les réserves suivront. Aussitôt qu'ils ont passé le défilé, ils s'étendent à droite et à gauche pour reprendre leur premier ordre. (*Fig. 3.*)

Si le passage du pont se fait à force ouverte, outre les tirailleurs, on poste une section à droite et à gauche de la queue du pont, pour retenir, par un feu croisé, les tirailleurs ennemis ; ensuite on lance les tirailleurs pour prendre poste sur la rive opposée. La colonne s'ébranle pour appuyer les tirailleurs, qui s'éventaillent à mesure de leur sortie du pont : une fois qu'il est passé, on s'arrête, et on reprend son ordre.

Si en faisant retraite, on doit passer un pont ou un défilé, la réserve générale, puis les réserves de soutien passent d'abord ; la première s'étend comme nouvelle ligne de tirailleurs, tandis que les réserves de soutien se forment à la queue du défilé, pour s'apprêter à tirer sur l'ennemi, et protéger le passage des tirailleurs ; ceux-ci se retirent graduellement, en se joignant jusqu'à ce qu'ils soient près du pont ou du défilé ; alors ils le passent rapidement, et vont se former comme réserve, à cinquante ou soixante pas en arrière de la nouvelle ligne de tirailleurs. (*Fig. 4.*)

Une ligne de tirailleurs jetée dans un village, postée près d'un pont, ou chargée de défendre un débouché ou un défilé, doit réunir tout son feu sur le point par lequel l'ennemi devra s'avancer.

4 *

Compagnie en tirailleurs attaquant un bois, et se repliant.

Lorsqu'une compagnie en tirailleurs sera chargée d'attaquer un bois, chaque tirailleur s'avancera avec vivacité, et se glissera avec adresse d'arbre en arbre, ayant soin de gagner toujours du terrain sur l'ennemi.

Si au contraire elle doit se retirer à travers ce même bois, le tirailleur se tiendra ferme derrière chaque arbre pour défendre le terrain pied à pied.

Si la ligne des tirailleurs a à traverser un terrain coupé par des fossés, des haies, etc., elle s'avancera légèrement à travers ces obstacles. Si elle doit se retirer à travers un pareil terrain, elle garnira et défendra successivement tous ces mêmes obstacles. Les fossés sont un retranchement naturel pour favoriser les retraites. Un des deux rangs s'y blotit, tandis que l'autre se maintient en avant du fossé; mais dès que celui-ci est forcé à se replier, les tirailleurs qui sont couchés soutiennent d'un feu rasant son mouvement rétrograde, et une fois qu'il est replié au-delà du fossé, il fait demi-tour, et tire sur l'ennemi, qui se trouve ainsi exposé à deux feux.

Il en est de même pour la défense des ruisseaux.

Plus les officiers et les soldats seront exercés dans ces divers mouvemens, plus ils seront capables de les appliquer à toutes les formations possibles et aux changemens de position que serait obligé de faire un bataillon.

Bataillon en tirailleurs.

Lorsque tout un bataillon est en tirailleurs, il est impossible de soumettre à un commandement tout le feu de la ligne; et, comme elle se forme successivement, les tirailleurs arrivés les premiers couvriront nécessairement par leur feu ceux qui entreront après eux en ligne ; mais une fois que la ligne sera formée, les signaux se feront, et seront exécutés comme pour une compagnie.

La longueur de la ligne à occuper, ainsi que le mouvement de l'ennemi, détermineront si on doit déployer une partie du bataillon, soit en éventail, soit en masse. Dans le premier cas, on entend, si le bataillon est en bataille, que tous les pelotons, excepté celui du centre qui reste comme réserve générale, se débandent à-la-fois pour se prolonger au pas de course à droite et à gauche sur la ligne de front, chaque peloton ayant une escouade de réserve de soutien, qui serait commandée par le chef de peloton. Par déploiement en masse, on entend que chaque compagnie se porte ensemble soit par le flanc, soit en bataille, soit enfin par sections, à-peu-près vers le centre de la portion de

la ligne qu'elle doit parcourir, pour y former sa ligne de tirailleurs.

Le chef de bataillon doit avoir saisi,
avant que le mouvement soit commencé,
le point vers lequel chaque peloton devra
se porter.

Ce mode de déploiement est le plus sûr,
et doit être préféré, parce qu'il offre le
plus de ressources contre une cavalerie
qui paraîtrait inopinément.

Le peloton du centre doit rester comme
réserve générale. Le premier mode de déploiement s'emploie généralement pour
un peloton.

Bataillon traversant un bois.

Dans le cas où un bataillon en bataille
serait obligé de passer au travers d'un bois
épais, dans lequel il est impossible de conserver aucun ordre, et où chaque individu suit les ouvertures qu'il juge le plus
convenables, quelques officiers et des
sous-officiers de différentes compagnies

doivent tâcher d'être les premiers à le traverser, afin que chaque compagnie puisse se former sur eux aussi lestement que possible, en faisant face en avant ou en arrière, selon qu'il aura été ordonné. Pour cela, les officiers ou les sous-officiers les premiers arrivés se placent eux-mêmes en ligne, faisant front au lieu où le bataillon doit être formé, s'éloignant sur le centre, et prenant l'espace qu'il faut à chaque peloton pour que les hommes viennent successivement prendre leur rang sur l'emplacement de leur peloton.

Si après avoir passé le bois, le bataillon devait se former en colonne, les guides de gauche se couvriraient réciproquement, et les hommes viendraient former la colonne.

Bataillon chargé de fouiller ou d'attaquer un bois.

Un bataillon chargé de fouiller ou d'attaquer un bois qui se trouverait sur le front ou sur le flanc d'une colonne, se portera sur le bois dans le dispositif le plus approprié aux localités, le chef ayant le plus grand soin de profiter de tous les accidens de terrain qui contribueraient à tenir le plus long-temps l'ennemi dans l'incertitude de la direction de sa marche et de son véritable but.

Parvenu à la lisière, le bataillon formera sa ligne de tirailleurs. La nature du bois, la proximité de l'ennemi, détermineront le nombre de pelotons à envoyer, et les distances que les tirailleurs devront prendre.

En pénétrant dans le bois, les tirailleurs se tiendront toujours à hauteur les uns des autres, observant tout, ne laissant aucun taillis sans l'avoir bien fouillé. Ils garderont le plus profond silence, et ne feront feu qu'au signal donné s'il s'agit de fouiller le bois.

Si le bataillon, après avoir fouillé ou enlevé le bois, doit l'occuper définitivement, son chef rétablira sur la rive opposée l'ensemble de la chaîne, et disposera les tirailleurs par petites troupes de deux files espacées de vingt à vingt-cinq pas. Un des quatre hommes sera toujours en sentinelle.

Si l'on veut paraître plus ou moins fort, les-sentinelles se porteront en avant de la lisière.

Si l'on veut cacher sa position, elles se placeront derrière les arbres isolés ou les buissons qui bordent assez ordinairement la lisière des bois.

Ensuite on reconnaît les flancs de la position, on garde les avenues, et la partie du bataillon qui n'aura pas été en tirailleurs restera à une centaine de pas dans le bois, en colonne ou en bataille, selon les localités, et tiendra, avec les réserves et les tirailleurs, une navette de patrouilles sur les différentes directions.

Si l'on venait à être attaqué par une force supérieure, et qu'on fût obligé de se retirer, la chaîne de tirailleurs se reformerait, et on ferait retraite en tiraillant et en défendant le terrain pied à pied.

Dans les terrains occupés, la marche en tirailleurs est plus facile, moins fatigante, et n'expose à aucun inconvénient, la cavalerie ne pouvant être dangereuse.

Passage et attaque d'un village.

A l'entrée des villages, le bataillon ralentit un peu sa marche, ainsi que la compagnie en tirailleurs qui couvre son front. La réserve générale traverse la rue principale, et éclaire les issues à droite et à gauche. La réserve de droite, avec ses tirailleurs, tourne à droite ; celle de gauche et ses tirailleurs tournent à gauche : toutes vont ensuite se réunir en avant du village pour y occuper les sommités du terrain les plus favorables au débouché du bataillon, qui traverse le village en colonne.

Pour l'attaque, on suppose un village en rase campagne occupé par l'ennemi, et qui puisse être tourné. Les tirailleurs, toujours disposés par files, se répandront en cercle, de manière à envelopper le poste attaqué. Le capitaine se dirigera avec sa réserve vers la principale issue, ou vers le front d'attaque qu'il aura reconnu le plus favorable; les petites réserves, commandées par les lieutenans, appuieront le mouvement des tirailleurs dans la direction que le capitaine aura indiquée.

Un chef de bataillon qui reçoit l'ordre d'attaquer une troupe postée sur une montagne, s'en approchera dans le dispositif qu'il jugera le plus convenable, soit pour attaquer la position de front, soit pour l'envelopper tout-à-coup par une ligne de tirailleurs, et l'escalader à un signal donné. Chaque peloton n'aura, dans ce dernier cas, qu'une réserve générale, et le chef de bataillon se dirigera, avec une compagnie, sur le point qu'il aura indiqué pour lieu de rassemblement. Si les tirailleurs et les réserves venaient à être repoussés, tous iraient, au pas de course, se rallier à l'endroit qui aurait été désigné avant l'attaque. Si on se rend maître du poste, et qu'on doive s'y maintenir, on placera des tirailleurs sur toutes les localités avantageuses du pied de la montagne ; on formera ensuite une seconde ligne à mi-côte, et sur le haut; on tiendra le reste du bataillon en réserve.

Si un bataillon devait se poster dans des haies ou des vignes, comme ces localités se défendent bien avec peu de monde, son chef, au lieu de découvrir toute sa force à l'ennemi, ne mettrait en action qu'un certain nombre de tirailleurs, qu'il ferait renforcer à mesure que l'ennemi s'engagerait; les pelotons de réserve se tiendraient couchés à terre, toujours à même d'être portés sur les points menacés, ou employés à un mouvement offensif.

Si au contraire un bataillon doit attaquer des haies ou des vignes garnies de tirailleurs, comme cette attaque est difficile et meurtrière, il faudra chercher à tournier la position au moyen d'une attaque simulée sur le développement de front, et qui, selon les circonstances, pourrait se convertir en une attaque véritable.

De tous ces mouvemens il n'en est pas de dangereux; tout dépend de l'à-propos, et cet à-propos est subordonné au calcul le plus juste du temps nécessaire pour tel ou tel mouvement, comparativement au temps dont l'ennemi a besoin pour l'empêcher ou le prévenir. Le coup-d'œil bien exercé et l'expérience aidée de cette théorie, mettra un officier à même de juger de la rapidité qu'il doit donner à sa troupe, et du temps qu'il lui faut pour exécuter le mouvement qu'il projette; connaissances de la plus grande importance un jour de combat, où les mouvemens sont décisifs quand ils sont exécutés avec précision.

Des Signaux.

L'infanterie légère en tirailleurs ne pouvant plus être dirigée par la voix, il devient indispensable d'avoir recours à un instrument dont les sons puissent parvenir à une grande distance, ce qui est nécessaire non-seulement dans les pays couverts, où les tirailleurs peuvent être éparpillés, mais encore dans les différentes situations où l'on se trouve, et plus particulièrement quand un officier juge à-propos de faire occuper de suite, et à une certaine distance, une éminence de laquelle on peut reconnaître le pays ou la position de l'ennemi ; avantages qu'on doit saisir, et qui dépendent entièrement d'une prompte exécution, que le délai le plus court ferait perdre, et dont l'ennemi profiterait.

Il faut habituer le tirailleur à obéir sur-le-champ à tous les signaux, à la voix de ses officiers, et à ne point s'emporter au-delà du point d'attaque ; il doit se faire un point d'honneur de cette obéissance ; et comme il ne peut embrasser cet en-

5*

semble dont il n'est qu'un point, il faut toujours qu'il suive, sans hésiter, la direction générale que prescrivent les signaux.

Les signaux doivent être en très-petit nombre, et aussi distincts que possible, pour ne point exposer à une confusion dangereuse.

Les éclaireurs et les réserves ne doivent exécuter le mouvement que lorsque la sonnerie est terminée.

Les mouvemens qu'on pourra commander par des signaux sont :

1.º Former la ligne de tirailleurs ou s'étendre.   *(La berloque.)*

2.º Marcher en avant. *(Le pas accéléré.)*

3.º Marcher en retraite. *(La retraite.)*

4.º S'arrêter.   *(Aux champs.)*

5.º Commencer le feu. *(Aux fourriers.)*

6.º Cesser le feu.   *(Quatre coups de langue.)*

7.º Appuyer à droite. *(Appel des consignés.)*

8.º Appuyer à gauche. (*Aux drapeaux.*)

9.º Refuser la droite.   (*Un ban.*)

10.º Refuser la gauche. (*Un ban et 2 coups de langue.*)

11.º Se rallier.   (*Le rappel.*)

Quand ces sonneries sont faites dans le ton ordinaire, elles dénotent que les mouvemens doivent se faire au pas accéléré, et dans un ton plus vite, au pas de course.

Toutes les fois qu'on sonnera pour s'étendre, le mouvement commencera de la partie de la ligne où se donnera le signal.

Le signal de retraite sans le rappel, indiquera qu'on doit exécuter le mouvement dans le même ordre où l'on est; suivi de deux ou trois reprises de rappel, qu'on doit rejoindre immediatement la réserve générale.

Si, étant en marche, on veut se réunir vers le centre, on sonnera une reprise de retraite et le rappel.

Un coup de langue avant la sonnerie indiquera que c'est pour la droite de la ligne; deux, pour le centre; trois, pour la gauche.

Sans coup de langue, le signal est pour toute la ligne.

On peut se servir du signal *le rappel* dans plusieurs occasions : 1.º quand on est surpris par la cavalerie; 2.º quand on veut rallier sur le centre, sur une des réserves de soutien ou sur la réserve générale; 3.º quand on veut faire rentrer la compagnie ou les compagnies dans la colonne; 4.º enfin, quand les tirailleurs et les réserves doivent se retirer à la course derrière la colonne, et se former en peloton.

Aussitôt que les tirailleurs entendent sonner le rappel, ils doivent, sur-le-champ, se réunir en rond sur leur centre. Si le rappel est suivi de deux coups de langue, ce sera le signal pour qu'ils se joignent à leurs réserves, et ensuite à la réserve générale. Si de là on sonne *l'assemblée*, la compagnie ou les compagnies rentreront au bataillon; si au contraire on sonnait la marche du régiment, ce serait le signal pour les tirailleurs et les réserves de se retirer à la course derrière le bataillon, mouvement qui doit être fait le plus rapidement possible.

Pour qu'on ne puisse se méprendre sur ces différens signaux, ce qui occasionerait souvent des fautes irremédiables, il faut que les officiers et les soldats y soient parfaitement habitués.

Des Évolutions.

Outre les évolutions que nous venons de détailler pour se former en ligne d'action et se retirer avec toute la promptitude possible, l'infanterie légère, si elle le devient réellement, devra connaître du réglement de 1791 :

L'*École du soldat*, à l'exception du pas oblique.

L'*École de peloton*. (On s'attacherait

surtout à la stricte exécution de l'article 43.)

De l'*Ecole du bataillon*, on retrancherait, pour ne pas perdre en des exercices inutiles un temps précieux pour l'instruction :

1.º De la première leçon, les trois premiers articles, et on conserverait du 4.ᵉ la charge à volonté et le feu de deux rangs;

2.º De la dernière leçon, le 4.ᵉ article;

3.º De la quatrieme leçon, le 3.ᵉ article, qu'on remplacerait par la contre-marche de pied ferme.

On ajouterait au 7.ᵉ article de cette leçon, la formation du carré dans cet ordre, et les diverses manières de faire face à ses flancs étant en colonne d'attaque.

4.º Enfin, de la cinquième leçon, le 2.ᵉ et le 3.ᵉ articles, qu'on remplacerait par les carrés d'Egypte et celui que nous allons développer.

On suppose un bataillon d'infanterie légère marchant en bataille, et sur le point d'être attaqué par de la cavalerie ; dans ce cas, son chef commande :

1. Sur le quatrième et cinquième peloton ,

2. Formez le carré ;

3. MARCHE.

A ce commandement, ces deux pelotons ne bougent pas, et servent de base. Le chef du troisième peloton commande :

1. En arrière à gauche, alignement.

Celui du sixième :

1. En arrière à droite, alignement.

Le chef du deuxième peloton fait par le flanc gauche, celui du septième par le flanc droit ayant soin de déboîter l'un et l'autre en arrière, pour aller former la quatrième face du carré.

Les voltigeurs sont envoyés en tirailleurs ; on forme une réserve de deux à trois files à chaque angle.

La compagnie de carabiniers va , au pas de course , se former en colonne sur deux ou trois rangs, au milieu du carré, pour protéger et soutenir la face qui serait attaquée (1).

Si les hommes conservent leur contenance, ce dispositif déjouera les efforts de la cavalerie.

L'infanterie légère ou les voltigeurs devraient, quand ils manœuvrent seuls, pousser le pas accéléré à cent dix à la minute (2). Cette rapidité est d'une telle importance, qu'elle servirait à prévenir l'ennemi dans une position, à traverser assez promptement un défilé pour se réunir ou former la ligne de tirailleurs, et contribuerait souvent, plus que la force ouverte, au succès d'une action ou d'une manœuvre décisive.

On pourrait aussi, pour les troupes de

------

(1) Cette formation de carré a été employée avec succès par M. le général Rome dans la campagne de 1813.

(2) Qui empêcherait de porter ce pas à 80 à la minute, et le pas de route de 90 à 100?

cette arme, faire usage d'un second pas, connu sous le nom de *pas de course*; il n'aurait pas de degré de vitesse déterminé, attendu qu'il demande autant d'intelligence que de précautions dans son emploi, et qu'il essouffle le soldat. On s'en servirait, 1.º pour former le cordon de tirailleurs; 2.º pour les rallier et les réunir devant la cavalerie; 3.º pour enlever un poste; 4.º enfin pour forcer un passage, avancer ou refuser une aile, et se retirer derrière le bataillon ou sur un de ses flancs.

EXPLICATION DE LA PLANCHE.

FIGURE I.re

A. La compagnie.

B. La deuxième section partie en avant, et formée sur deux rangs.

D. La deuxième section déployée par files sur son centre.

C. Les réserves de soutien envoyées de la 1.re section.

E. Les tirailleurs portés en avant sur la ligne d'action.

F. Cornet et hommes intelligens pour les signaux et pour porter les ordres.

G. Quelques hommes envoyés en avant des réserves pour renforcer, en cas de besoin, les éclaireurs ou remplacer ceux qui seraient tués.

FIGURE II.

A. La compagnie.

B. La deuxième section sur deux rangs.

C. Les files s'évantaillant peu à peu, à partir de celle du centre.

D. Les réserves.

E. Les files arrivées sur le point d'action.

F. Hommes pour les signaux, les ordres, etc.

FIGURE III.

A. Le bataillon marchant.

C. Les tirailleurs avant d'entrer dans le défilé.

B. Les tirailleurs après avoir passé le défilé.

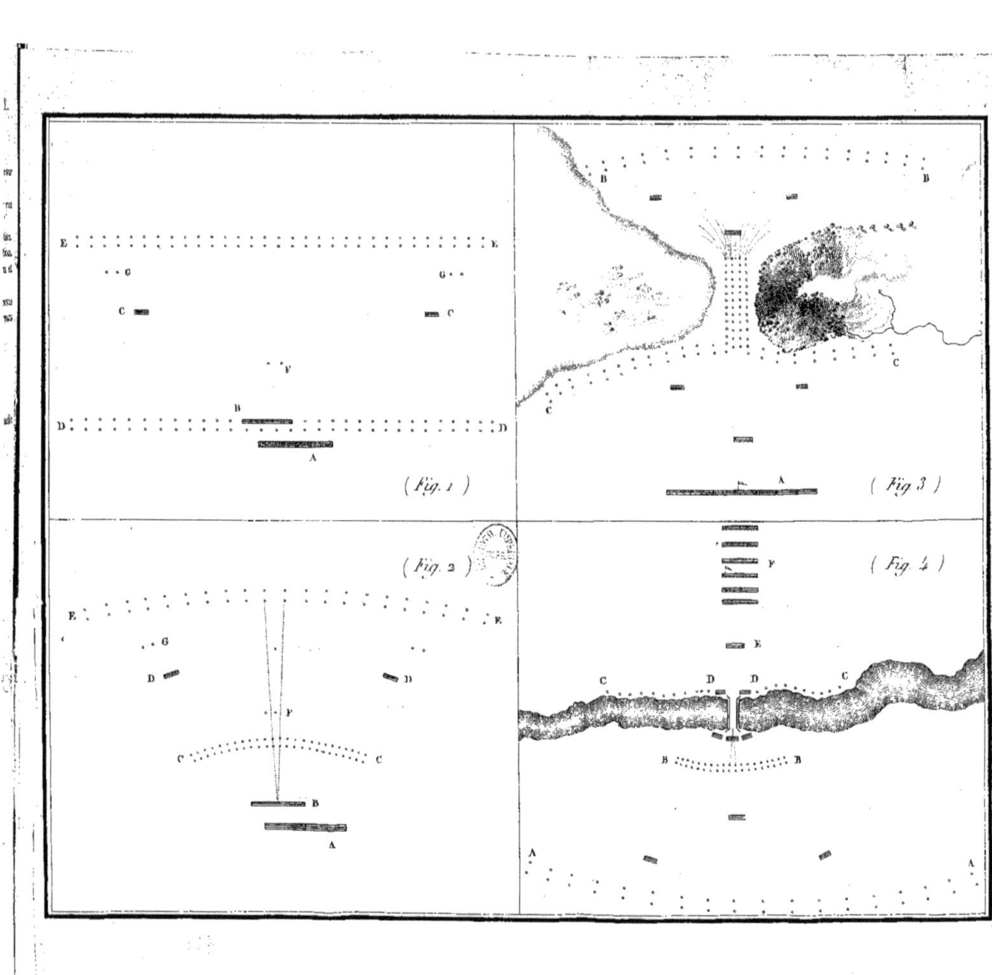

E E
G G
C C
F
B
D D
A
(Fig. 1)
B B
C
C C
A
(Fig. 3)
(Fig. 2)
E E
G
D D
F
C C
B
A
(Fig. 4)
F
E
C D D C
B B
A A

FIGURE IV.

A. Tirailleurs avec leurs réserves, se retirant graduellement en arrière.

B. Seconde position.

C. La réserve générale formant une nouvelle ligne de
tirailleurs pour protéger le passage de l'ancienne.

E. Réserves de soutien formées à la sortie du pont.

D. La vieille ligne de tirailleurs formée en réserve
après avoir passé le pont.

FIN.

DE L'IMPRIMERIE DE CORDIER.

FIGURE IV.

A. Traillons avec l'eau d'avoir, [illegible] se tel [illegible]
   reglement en avoir.
B. Grande position.
C. La réserve pour de [illegible]. Cette réserve [illegible] la figure de
   traillons pour proteger le [illegible] de l'ennemi.
E. Réserve de soutien formée à la [illegible].
D. La vieille ligne de fruillons formée en réserve [illegible]
   [illegible] pour le [illegible].

XIV.

de l'extrémité de l'arbre.

REGISTRES ET ÉTATS

A L'USAGE

DES CAPITAINES ET DES SOUS-OFFICIERS.

L IVRE de Détail de Compagnie, in-4° *raisin*, pour 3oo hommes (28 *décembre* 1818).   13 fr.

Le même, pour 25o hommes.   12 fr.

Idem, pour 2oo hommes.   1o fr.

Idem, pour 15o hommes.   9 fr.

Autre Livre de Détail oblong sur *raisin*, pour 2oo hommes, et cont. 15 Tableaux différens. 16 fr.

Cahier de Dépenses pour l'Ordinaire des Chambrées. Ce cahier, de 8o pages sur *couronne*, contient des cases pour 4oo jours (*Décret du* 1ᵃ *mars* 18o6).   1 fr. 75 c.

Registre pour l'Enregistrement des Hommes envoyés aux Hôpitaux, avec la Situation de leur Masse, contenant 2oo pag., relié oblong. 6 fr.

Registre de Prêt, à l'usage des Serg.-Majors, pour servir à inscrire les Feuilles de Prêt et les Mutations. Le modèle est exactement semblable aux Feuilles de Prêt, 22o pages *écu*.   6 fr.

Registre de Punitions, sur papier *grand-raisin*, composé de 2oo pages, relié oblong et couvert en parchemin.   6 fr.

Registre de Situations journalières de Compagnie, fort de 2oo pages.   6 fr.

Registre contenant le Contrôle annuel, et ayant des cases pour 2oo hommes : à la suite est le Tableau pour l'Enregistrement des Prêts et Distributions de Vivres de toute espèce.   6 fr.

Registre contenant les Compte ouvert, Sommes en dépôt, et une Table à la fin, 25o pag.   7 fr.

Registre de Signalement, contenant 3oo pages et une Table à la fin.   8 fr.

Registre des Travailleurs, cont. 1oo pag. in-f.° 8 fr.

Livret de Signalement pour tous les Hommes de la
Compagnie, contenant 200 pages, in-8.º relié
oblong.   1 fr. 50 c.
Contrôle général des Officiers, Sous-Officiers et Sol-
dats de la Compagnie, composé de huit tableaux
différens, et contenant 184 pages; il est relié
en parch., avec *rebras et cordon* autour.   2 fr.
Livrets de Soldats, à 28 pages, couvert en par-
chemin.   25 c.
  Idem, à 40 pages, couvert en parchemin.   30 c.
Feuille de Journées, pour les Compagnies, *trois
feuilles*; les cent cahiers.   45 fr.
  Idem, le cent de feuilles intercalaires. 15 fr.
Feuille de Subsistance pour les Compagnies, *une
feuille*; le cent.   15 fr.
Feuille d'Appel d'Effectif de mois, *deux feuilles*.
les cent cahiers.   30 fr.
N.º 21, *prescrit par l'Arrêté du 8 floréal an 8.* Feuille
de Décompte de Linge et Chaussure du tri-
mestre de..., très-détaillée, *deux feuilles*; les
cent cahiers.   30 fr.
  Idem, le cent de feuilles intercalaires. 15 fr.
Autre Feuille de Décompte de Linge et Chaussure,
encore plus détaillée que la précédente, *deux
feuilles*; les cent cahiers.   30 fr.
  Idem, le cent de feuilles intercalaires. 15 fr.
Contrôle annuel des Sous-Officiers et Soldats, composé de *seize feuilles*, divisées en 330 cases; le
cahier.   2 fr.
Bons de Pain, à l'usage des Sergens-Majors, in-4.º;
le cent.   2 fr.
Certificat d'activité de service, *demi-feuille cour.*;
le cent.   4 fr.
Modèle D de l'Ordonnance du 13 mai. Situation
journalière de Compagnie in-8.º *raisin*; le
cent.   1 fr. 50 c.
Modèle E, Situation de *cinq jours*, de Compagnie,
in-4.º *carré*; le cent.   2 fr. 40 c.
Feuille de Prêt in-4.º; le cent.   2 fr. 40 c.
Billet d'Hôpital in-4.º; le cent.   2 fr. 40 c.

OUVRAGES MILITAIRES

Qui se trouvent chez le même Libraire.

Guide (le) des Sous-Officiers de l'Infanterie Française, contenant l'extrait de tous les Réglemens qu'ils ont besoin de connaître, avec 12 planches, pour l'intelligence de l'Ecole du Soldat, de celle de peloton, et du Campement, 6.e *édition*, un fort vol. in-12.   3 fr. 50 c.

Guide du sous-officier de l'infanterie en campagne, 1 vol in-18.   1 fr.

Réglement concernant l'Exercice et les Manœuvres de l'Infanterie, du 1.er août 1791, 2 vol. in-12, dont un de planches.   5 fr.

Extrait du même Réglement, contenant l'Ecole du Soldat et l'Ecole de peloton, in-12 ou in-18. 1 fr.

Le même Extrait, avec planches.   1 fr. 50 c.

Réglement provisoire sur le Service de l'Infanterie en campagne.   1 fr. 80 c.

Réglement concernant la Police et la Discipline de l'Infanterie.   1 fr.

Code pénal militaire du 12 mai 1793, et du 21 brumaire an 5.   1 fr. 20 c.

Ordonnance pour régler le Service dans les Places et dans les Quartiers, du 1.er mars 1768, suivie du Décret du 24 décembre 1811, sur les Etats-Majors et les Commandans de place. 1 fr. 50 c.
